LETTRES

SUR LE PRÉSENT

ET

L'Avenir de la France

PAR

UN VIEUX LÉGITIMISTE

LYON

IMPRIMERIE A. WALTENER ET Cⁱᵉ

14, Rue Belle-Cordière, 14

1885

LETTRES

SUR LE PRÉSENT

ET

L'Avenir de la France

PAR

UN VIEUX LÉGITIMISTE

LYON

IMPRIMERIE A. WALTENER ET Cie

14, Rue Belle-Cordière, 14

1885

AVIS DE L'ÉDITEUR

Les lettres que nous publions ici n'étaient pas destinées à franchir le cercle de l'intimité, mais les documents et les commentaires qu'elles renferment sont si bien appropriés aux grandes questions dont le monde actuel se préoccupe, que l'on · a cru devoir, dans l'intérêt des personnes qui aiment et recherchent la vérité, demander à l'auteur de ces lettres l'autorisation de les publier.

LETTRE I

> La vérité vous délivrera.
> S. JEAN, VIII, 22.

Mon cher Monsieur,

OTRE lettre, avec ses deux petites pages, me semble néanmoins bien chargée vu les interrogations qu'elle renferme. Un gros volume ne suffirait pas à y répondre; et même, chacune d'elles en demanderait un.

1° Que faut-il penser de l'état présent de la société?

2° A qui la succession politique du comte de Chambord?

3° Est-il vrai que Louis-Philippe, roi des Français, n'était pas d'origine française?

4° Est-il vrai que Louis XVII n'est pas mort dans la prison, au Temple, et qu'il a laissé des enfants?

Ce sont là de trop graves questions pour que je me permette de les trancher. Je me contenterai donc, de vous exprimer sur elles simplement ma pensée, fondée tant sur l'observation des évènements et les documents tombés sous ma main, que sur l'étude des lois providentielles qui régissent les peuples et les rois. Et d'abord:

Que penser de l'état présent de la société?

Notre pauvre France, assurément, est fort malade. Elle sent ce je ne sais quoi de décomposition qui donne la nausée ; Elle, il y a cent ans, la reine du monde ; qui dictait, en quelque sorte, ses lois à l'Europe, la voilà qui en est aujourd'hui la risée. Et pourquoi ? Ah ! c'est qu'abandonnant son Dieu et son principe monarchique, elle s'est faite l'esclave de la révolution, sous la forme du Césarisme, tantôt du palais, tantôt de la rue. Or, la révolution en France est synonyme de Franc-maçonnerie ; qui dit Franc-maçonnerie, dit le règne de Satan, son inspirateur et son chef (1).

Comme chrétien, vous le savez aussi bien que moi, Satan est la haine, *le démon de la guerre, le désordre, le mal ; Jésus-Christ est l'amour, le Prince de la paix, l'ordre, le bien.*

De là, les deux étendards, l'un portant écrits :

Révolte, égoïsme, mensonge, volupté ;

et l'autre :

Obéissance, charité, vérité, chasteté.

Maintenant, mon cher Monsieur, voyez et considérez sous lequel de ces drapeaux s'est rangée la société ; vous tirerez facilement les conséquences désastreuses de son choix impie, savoir : la plus honteuse servitude et le libertinage d'esprit et de cœur. N'est-ce pas ce que nous présentent nos temps si calamiteux ? N'est-ce pas le renverment de tous principes honnêtes ? la confiscation brutale

---

(1) Avant d'arriver au pouvoir, la Franc-maçonnerie cherchait, par-dessus tout, le silence et l'ombre. Aujourd'hui qu'elle tient le gouvernement de la France par son Président, par les ministres, les sénateurs, les députés et tous les chefs d'administration civile et militaire, même la magistrature, elle ne se cache plus, elle s'impose. Ce n'est pas seulement dans sa haine atroce contre Jésus-Christ et son Eglise qu'apparaît l'inspiration et la direction de Satan ; mais elle a, de plus, sa messe du diable qui est un horrible sacrilège, ses cérémonies de baptême et de mariage, etc., toujours sous l'influence de son maître infernal, ce vieux *singe de Dieu.*

de tous droits: droits divins, droits humains, droits sociaux et domestiques, sous la mensongère formule de *Liberté, Égalité, Fraternité ?*

Aussi dans quel état d'humiliation profonde n'est pas tombée la France, en punition de son orgueil! Mais, ce qui est lamentable et qui demanderait des larmes de sang, c'est l'aveuglement de son esprit, l'endurcissement de son cœur à subir, à ne pas secouer le joug dégradant de cette secte maudite (la Franc-maçonnerie), qui la tient plongée dans un matérialisme abject. De là, cette lâcheté à se laisser dépouiller de ses libertés religieuses, domestiques et civiles; à laisser chasser de son sein ses religieux, qui étaient son honneur, sa sauvegarde, ses meilleurs enfants; lâcheté plus insigne encore, à laisser chasser son Dieu, le Christ, roi des Francs, de ses palais de justice, de son armée, de ses cimetières, de ses places publiques; lâcheté cruelle, d'avoir souffert qu'on enlevât, dans ses hôpitaux, aux pauvres malades, les soins si délicats et si dévoués des filles héroïques de Vincent de Paul, et aux moribonds les paroles consolantes du prêtre et la consolation suprême de mourir dans les bras de leur mère, la Sainte Église catholique. Dites-moi, quel crime de lèse-humanité! Mais, par-dessus tout, lâcheté inqualifiable à subir la loi si justement appelée scélérate, cette loi athée, vrai assassinat des âmes des enfants; triple crime de lèse-majesté divine, paternelle et nationale, crime inouï qui ne peut attirer tôt ou tard sur la nation que les foudres les plus terribles du ciel.

Quoi d'étonnant après cela que la France soit mise au ban des nations civilisées, quand elle dépasse en égarements les peuplades sauvages? Qu'elle rappelle donc à ses gouvernants francs-maçons la recommandation des philosophes païens : « *Puero debetur reverentia* ». Et pour peu que cela dure que sera-t-elle dans dix ans, dans quinze ans, lorsque commencera la carrière publique de cette jeunesse élevée dans l'athéisme? Au milieu de leurs orgies, les révolutionnaires de 93 reconnaissaient du moins l'Etre suprême, tandis qu'aujourd'hui, c'est sa haine contre Dieu que Satan semble souffler à ses adeptes, tant est grande leur rage à effacer partout, à détruire s'ils le pouvaient, dans la persécution, l'idée de Dieu, le règne de son Christ sur son Eglise et sur tout ce qui lui appartient (1).

---

(1) La preuve de l'affirmation précédente est que nos philosophes d'aujourd'hui dépassent leurs aînés du XVIIIe siècle. Voltaire lui-même qualifia très justement, un jour, l'athéisme de *péché contre nature*, lorsqu'il désavoua et blâma le *Système de la nature*, par d'Holbach. Si donc la révolution de nos jours est moins horrible qu'en 93, elle est plus fatale parce qu'elle se consomme avec plus d'habileté sur les âmes, celles des enfants surtout, au milieu de l'indifférence de la classe dirigeante. Que signifient ces choses : Un Etat sans Dieu, la sécularisation ? Comme si un gouvernement pouvait subsister sans le Juste et le Droit, sans la haute maîtrise de la Raison. Or, la Raison, le Juste et le Droit, comment les Athées peuvent-ils s'en inspirer et les inspirer aux autres sans aller les puiser à leur principe qui est Dieu, et Dieu reconnu officiellement ?

L'Etat sans Dieu n'est donc qu'une monstruosité de nature.

« Roi glorieux des immortels — chantait-elle (la nature) » par la « bouche du philosophe païen Cléanthe), éternellement tout-puis-« sant, qui gouvernes le monde par tes lois, je te salue ! C'est un « devoir de tous les mortels de t'invoquer ; car nous sommes tes en-« fants, ton image, et comme un écho de ta voix. L'univers t'obéit « comme un sujet fidèle. Tu diriges la raison commune, tu pénètres « et fécondes tout ce qui est. Roi Suprême, rien ne se fait sans toi, « excepté le mal que commettent les mortels insensés. Auteur de « tous les biens, Père des hommes, délivre-les de cette triste igno-« rance de ta loi ! Fais-leur connaître la sagesse éternelle par qui « tu gouvernes le monde, afin que nous t'honorions comme il con-« vient à des mortels. »

Voilà la voix de la nature avant la manifestation de cette sagesse éternelle qu'elle appelait.

Nos athées n'ont pas même ce sentiment naturel, cette religion naturellement entendue, qui n'est autre chose que la justice retournée de son sujet à son auteur, de la société à Dieu, ce qui a fait dire à Cicéron : « *Le culte est la justice envers Dieu. (1).* »

Ils aiment mieux croire descendre des singes et être des singes perfectionnés.

---

(1) *De legibus.*

Dans cet immense naufrage des grandes libertés dont la République franc-maçonne a fait litière, restait néanmoins debout la magistrature, cette institution aussi vénérable que vénérée. Son indépendance était la garantie la plus sûre de l'ordre public, le rempart de la société, la défense de l'opprimé. Malheur aux nations qui ne reposent pas sur la justice et ne respectent pas la magistrature ! Eh bien ! voilà décapitée tout récemment la vieille et noble magistrature française, et l'on croirait dictées tout exprès contre ses exécuteurs ces écrasantes paroles de Cicéron : « *Les Républiques en décadence se reconnaissent à des caractères généralement peu trompeurs : on y voit les condamnés réhabilités, les déportés rappelés de l'exil, les arrêts de la justice cassés, les juges menacés dans leur indépendance. Il n'est personne qui, témoin de ces faits, ne perde aussitôt tout espoir de salut possible pour l'Etat que rongent de telles plaies.* »

Heureusement que la République n'est pas immortelle et que la Justice, cette personnification vivante de la vérité qui demeure, voit sans cesse s'écrouler les trônes non assis sur elle et succomber les révolutions les plus puissantes ! »

Et chose non moins triste à dire : il est des gens, et en grand nombre, qui, parce qu'ils ne sont atteints ni dans leur personne, ni dans leurs intérêts, acceptent calmes et impassibles ce brigandage social. D'autres, catholiques même, murmureront tout bas, iront jusqu'à s'indigner de la patience de Dieu à le laisser impuni. Assurément elle est admirable sa patience à souffrir tant d'outrages. envers sa majesté souveraine, envers son Christ, son Eglise et envers tous ses serviteurs ; mais, cette patience n'est-elle pas d'abord la punition de l'égoïsme des uns et de la lâcheté des autres ? « *Si les bons avaient le courage des méchants*, disait l'immortel Pie IX, *ils triompheraient toujours.* » Puis, quand sonnera l'heure de la justice, quels

effroyables châtiments tomberont sur la société coupable !
Il ne faut pas en douter, plus grand aura été l'abus de
cette longanimité qui devrait éclairer les esprits et toucher
les cœurs, plus sanglante sera la flagellation. La punition égalera le crime, et ce qui est certain, c'est que Dieu
n'abdique jamais ses droits, qu'il se réserve toujours le
dernier mot et le triomphe sur ses ennemis.

Est-ce à dire pour cela, mon cher Monsieur, qu'il faille
désespérer du salut de la France, et croire, comme les
hommes sans foi, à sa ruine finale, à sa disparition parmi
les nations ? Non, mille fois non ! Elle a encore en son
âme trop de sève catholique, témoins ces légions de mis-
sionnaires, ses enfants, qui s'en vont chaque année porter
la bonne nouvelle aux peuplades sauvages ; témoins ces
sociétés de Saint-Vincent-de-Paul, de Saint-François-de-
Sales, de Saint-François-Régis et autres, si dévouées aux
intérêts moraux et matériels du peuple ; témoins ces cercles,
ces comités catholiques qui par leurs efforts à lutter
contre l'impiété franc-maçonne, mériteront de faire succé-
der à la justice de Dieu sa miséricorde. Mais, avant tout,
ce qui doit nourrir notre foi et encourager notre espérance,
c'est de voir l'auguste Mère de Dieu vouloir toujours régner sur la France, sa fille bien-aimée, malgré ses égarements. Quels témoignages plus éloquents et plus vifs de
sa tendre sollicitude que ses apparitions à la Salette, à
Pontmain, à Lourdes, où elle prévient et menace ses
enfants de France des malheurs qui fondront sur eux, s'ils
ne se convertissent pas par la prière et par la pénitence.
En même temps que son divin Fils s'immole chaque jour
pour apaiser la juste colère du Père éternel, Marie ne
plaide-t-elle pas sans cesse, auprès du Cœur de Jésus, la
cause de cette France, bien ingrate et bien coupable, à la
vérité, mais qui, néanmoins, est restée fidèle à son culte
si filiale ? Montmartre à Paris, Fourvière à Lyon, ne sont-
ce pas là deux paratonnerres rassurants ? Je reste donc

dans cette conviction intime, que la France passera sous le pressoir de la justice de Dieu (car elle ne saurait sortir de sa léthargie morale sans des coups terribles, ni se relever de son sensualisme éhonté sans de grands châtiments, puisque la sanglante leçon de 1870 n'a pas suffi), mais alors, meurtrie, broyée plus que jamais, elle se jettera à genoux, brisera ses idoles, demandera grâce au nom de ses deux sauveurs, les SS. Cœurs de Jésus et de Marie qui, entourés des cœurs de leurs fidèles, inclineront le Père céleste à la miséricorde et au pardon.

C'est en ce temps, j'aime à l'espérer, que viendra le grand monarque annoncé, qui restaurera tout, qui remettra notre chère France dans ses premières voies de religion, d'honneur, de justice et de gloire. Ce monarque, quel sera-il ? Quand arrivera-t-il ? C'est le secret de Dieu. Peut-être est-il plus prochain qu'on ne pense. Voilà, bien cher Monsieur, ma pensée sur l'état présent de la société. A bientôt ma réponse à la deuxième question. En attendant, veuillez agréer l'assurance de mes meilleurs sentiments de profonde et affectueuse estime.

LETTRE II

A QUI LA SUCCESSION POLITIQUE DU COMTE DE CHAMBORD ?

Cher Monsieur,

A qui la succession politique du comte de Chambord, me demandez-vous ? Question fort délicate, vous répondrai-je tout d'abord, question que Dieu seul saura résoudre à son heure. Nous en sommes arrivés à tel point que lui seul, en effet, dans le naufrage universel de nos institutions, peut tirer la société de l'abîme. Toutefois, la mort du comte de Chambord est un de ces coups inexplicables de la divine Providence, qui doit attrister profondément la France et même l'Europe entière, tant étaient grandes les espérances fondées sur l'auguste exilé pour le rétablissement de l'ordre et de la paix du monde européen. Henri V, en effet, réunissait les vertus et les qualités de nos meilleurs rois. Il respectait la sainte mère l'Église comme saint Louis, il aimait le peuple comme Henri IV. Ses longues études sur l'économie sociale, sur toutes les branches de l'administration d'un royaume, son attention à suivre tout ce qui se passait chez nous, sa sollicitude à s'enquérir des besoins de la classe ouvrière, la vive part qu'il prenait aux malheurs de la France, tout cela, joint à l'expérience de cinquante années d'exil, faisait prévoir et espérer un règne d'apaisement et de réconciliation dans les partis, de justice, d'honneur et de gloire. S'il n'a pu réaliser les désirs de son cœur royal et paternel, pour le bonheur de la nation, c'est que cette dernière, toute imbue du virus révolutionnaire, n'a pas eu le courage de résister aux impulsions de certains catholiques libéraux, esprits orgueilleux et égoïstes, ni de secouer le joug ignoble de la Franc-maçonnerie, maîtresse du pouvoir. Ils savaient bien, ces hommes malfaisants, que l'avènement du comte de Chambord au trône serait la fin de leurs indignes exploitations de la crédulité du peuple, qu'il remettrait tout à sa place, individus et choses ; en un mot, qu'il serait roi et ne souffrirait pas d'être amoindri par personne. Aussi, dans la peur de son retour, comme ils travaillaient à égarer l'opinion publique sur la loyauté de sa parole et répondaient à l'honnêteté de son caractère par des calomnies non moins ridicules qu'odieuses en le représentant la personnification des abus de l'ancien régime. Il est mort, Henri de France, et avec lui disparaît du monde une des plus grandes et plus nobles figures de notre siècle. Modèle de vertus chrétiennes, de qualités royales, il a gardé intact son honneur ; il a refusé de régner plutôt que d'abandonner les vieilles et salutaires traditions monarchiques, mérite bien rare en nos temps d'égoïsme brutal et de lâches compromis. L'impartiale histoire, à coup sûr, saura mettre à l'abri de toute attaque ce type de dévouement et d'incomparable grandeur.

Mais cette mort, me direz-vous, n'est-elle pas un châtiment infligé à la France ? — Quelle influence aura-t-elle sur ses destinées ?

Qu'elle soit un châtiment, c'est ce que pensent beaucoup de gens, disant : les uns, que la nation n'était pas digne d'un prince si accompli ; les autres, que c'est la juste punition de son ingratitude et de son obstination à ne pas appeler et recevoir celui qui voulait et pouvait si bien faire son bonheur. *Plaise au ciel que cette terrible épreuve lui donne l'énergie de se débarrasser de ses tyrans.* Toutefois, Dieu a voulu nous apprendre que personne n'est nécessaire, que lui seul gouverne tout. Peut-être encore, comme l'avenir le démontrera probablement, tient-il en réserve un homme méconnu dans ses droits, qu'il protègera manifestement de sa Droite et qu'il nous donnera à l'heure de notre conversion et de sa miséricordieuse bonté. En tout cas, ce qui est incontestable c'est que cette longue et admirable vie du comte de Chambord doit nous paraître une mission providentielle, qu'il remplissait avec fidélité pour conserver dans le peuple français les idées monarchiques ; comme également, cette mort, en quelque sorte foudroyante, devrait ouvrir les yeux à tous les hommes honnêtes et leur faire comprendre, sentir la nécessité de s'unir, de se rallier à la monarchie, qui peut seule réparer les maux causés par la République franc-maçonne (1).

« C'est fort bien, vous entends-je me répondre ; je goûte

---

(1) Dans cet immense désastre moral, politique et matériel où se trouve plongée la société française par la République franc-maçonne, aveugle est celui qui n'y voit la justice divine, car toutes les classes ont à se frapper la poitrine.

Ce sont d'abord ces catholiques-libéraux (comme s'il y avait deux sortes de catholicisme) qui, instruits et influents par leur position, mais dévorés de l'esprit de domination, c'est-à-dire de l'orgueil, ont semé le germe de division dans la grande famille chrétienne. Le grand Pie IX a flétri cette espèce d'hérétiques en l'appelant : *Une plaie pire que la Commune.* »

Ce sont ensuite, en général, les honnêtes gens, qui, jouissant également d'une certaine influence sur leurs serviteurs, sur leurs connaissances et leurs amis, se sont contentés de déplorer les actes odieux des tyranneaux républicains envers l'Eglise et ses ministres ; la laïcisation des écoles, des hôpitaux, la déprédation des finances, au lieu de protester énergiquement, de se lever, au besoin même, de s'y opposer par la force. Après tout, il s'agissait ici de combattre *Pro aris et focis.*

De l'orgueil des uns, de l'apathie des autres il est résulté que les frères cadets de la société, suivant leurs aînés dans leur égarement ou dans leur insouciance, ont aussi laissé le champ complètement libre à la révolution.

Aide-toi et le ciel t'aidera,

dit le vieil adage ; mais, au contraire, lorsqu'on abandonne la cause sacrée de Dieu ; bien plus, qu'on le laisse bafouer, outrager,

« parfaitement votre raisonnement ; mais encore une fois
« à qui la succession politique du comte de Chambord ?
« Vous remettez à la divine Providence la solution de
« cette grave question, je désire néanmoins savoir votre
« opinion personnelle. »

Je le veux bien, mon digne ami, mais prenez garde !
Je vais vous étonner, jeter votre esprit dans un monde
d'idées étranges, tellement les faits vous sembleront
extraordinaires, impossibles. Vous y verrez à quel degré de
bassesse peut descendre la pauvre humanité pour assouvir
son ambition et sa cupidité.

Je vous le répète donc d'abord : quant à la succession
politique, je n'ai point d'opinion arrêtée. Légitimiste de
vieille roche, je tenais le comte de Chambord pour mon
roi. Lui mort, je ne compte désormais plus que sur la
bonté de Dieu pour sauver la France. Les Légitimistes
en grande partie, je le sais, et les Orléanistes acclament
ensemble le comte de Paris pour successeur d'Henri V. Je
ne veux entrer ici en aucune discussion sur le droit d'hérédité, que certains trouvent contestable. Mais, je vous
l'avoue franchement, j'éprouve une répugnance invincible
à voir sur le beau trône de France un arrière petit-fils du
régicide Philippe-Egalité et petit-fils de l'usurpateur Louis-
Philippe, roi des Français. En vain m'objectera-t-on : le
comte de Paris, en reconnaissant le comte de Chambord
le chef de la famille des Bourbons, a, par là même réconcilié
les deux branches, fait la fusion et rétabli la concorde. On
dit qu'à sa dernière visite à Frhosdorff il a reçu d'Henri V
l'accolade paternelle. Supposons le fait vrai, quoiqu'il soit

---

blasphémer, chasser de partout, et que, pendant ces infamies sacri-
lèges, on s'en va aux plaisirs de la table, du théâtre, etc., a-t-on
vraiment raison d'attendre de Dieu un secours. qu'on ne lui
demande pas ? Dieu est infiniment bon, assurément, mais aussi infiniment juste ; ce n'est donc que par un retour sincère à la foi pratique, par la confession de ses fautes et par la pénitence qu'on mé-
ritera la délivrance, le salut de la France, parce que Dieu est toujours Tout-Puissant.

énergiquement démenti ; qui pourrait affirmer que cette accolade n'a pas été plutôt le baiser d'un pardon magnanime que la reconnaissance du droit d'hérédité (1) ! Et puis, ce grave incident arrivé aux funérailles du comte, au sujet de la préséance ?... Quel meilleur interprète des sentiments de l'auguste défunt que Madame la comtesse de Chambord ? Du reste, laissons toute question irritante. — Le comte de Paris, ajoute-t-on, est doué de beaucoup de qualités, animé des intentions les plus droites, bref, il est digne de régner. — Tout ce que vous voudrez, répondrai-je ; je n'en verrai pas moins sur cette famille comme la trace du sang de Louis XVI et ne pourrait chasser le souvenir des noires trahisons de ses ancêtres Je ne saurais non plus me défendre de ce doute : *Est-ce le descendant de tels hommes que Dieu réserve à la France pour être le grand monarque qui doit la rendre à son antique splendeur, la faire de nouveau la Reine du monde ?*

Qu'en pensez-vous vous-même, mon bon ami ? Certes, je ne suis pas partisan aveugle des prophéties modernes. A cet égard, j'ai mes réserves. Cependant, on ne peut nier que toutes, vraies, douteuses ou fausses, s'accordent unanimement sur ce point : que Dieu suscitera un grand Roi et un grand Pape, qui changeront la face de l'Europe. Or, dans le bouleversement général de la société européenne, dans ce cahos d'idées révolutionnaires et de matérialisme dégoûtant où elle est plongée, croyez-vous que l'élu du Tout-Puissant, appelé à la restaurer, soit le comte de Paris ? En vérité, tout est mystère pour moi, passé, présent, futur, et je ne doute pas que vous n'alliez de surprise en surprise en lisant les documents historiques, qui répondront à la troisième question : Est-il vrai que Louis-Philippe, roi des Français, n'était pas d'origine française ?

En attendant, agréez, cher Monsieur, etc.

---

(1) *Légendes de Frhosdorff*, 17, rue Saint-Marc, Paris.

LETTRE III

'AI hésité longtemps, je vous l'assure, mon cher Monsieur, avant de prendre la plume, me demandant si je devais répondre à cette question : Est-il vrai que Louis-Philippe, roi des Français, n'était pas lui-même d'origine française ? tant l'affirmation de ce fait une fois prouvé est grosse de déceptions navrantes pour la famille d'Orléans, comme de profondes humiliations pour la France. Vraiment, on croit rêver en lisant les documents qui en témoignent, et cependant, ils nous sont donnés par un écrivain de grande valeur, par L.-G. Michaud, l'un des auteurs et éditeurs de la *Biographie universelle* (1). Je n'ai donc rien de mieux à faire, ce me semble, que de copier; c'est le meilleur abri qu'on puisse opposer à la critique.

Vous préféreriez sans doute, et avec raison, lire l'ouvrage de Michaud, aussi remarquable par l'exactitude que par le détail des faits et gestes peu édifiants de Louis-Philippe, mais comme il vous serait très difficile de vous

______

(1) *Biographie ou vie publique et privée de Louis-Philippe d'Orléans, ex-roi des Français,* par Michaud. Paris, 1849.

procurer ledit ouvrage, dont on s'est efforcé de faire disparaître les derniers exemplaires, je me bornerai à citer l'histoire dans la question qui nous occupe, celle de l'origine de Louis-Philippe.

« Suivant l'*Almanach royal*, Louis-Philippe naquit à Paris, de Louis-Philippe-Joseph d'Orléans, dit Egalité, et de Marie-Adélaïde de Penthièvre, le 6 octobre 1773, et fut reconnu en naissant duc de Valois. On se borna, ce jour-là, à l'ondoyer. Ce ne fut que douze ans plus tard que Louis XVI et Marie-Antoinette le tinrent sur les fonts de baptême et distribuèrent à cette occasion de riches présents à toute sa maison, notamment à Madame de Genlis, qui reçut en outre une gratification de douze mille francs comme *Gouverneur* (1).

Quant à la cérémonie de l'ondoiement, en 1773, elle avait été fort simple, et s'était faite au Palais-Royal, par

---

(1) Ce fut le duc d'Orléans lui-même qui demanda au roi la permission de donner à Madame de Genlis le titre bizarre de *Gouverneur*, et l'on raconte que Louis XVI, choqué de cette inconvenance, ne s'y refusa point, mais dit brusquement à son cousin : *gouverneur ou gouvernante, vous pouvez faire ce qui vous plaira ; mais, heureusement, le comte d'Artois a des enfants.*
Cette femme malfaisante était le digne pendant de Philippe-Egalité, en hypocrisie et en ingratitude envers la famille royale qu'ils appelaient par moquerie : *les bons Bourbons.* Maîtresse du duc d'Orléans, elle le fut aussi dans sa maison, et personne ne sait ce qu'elle fit souffrir à la vertueuse duchesse née de Penthièvre. Confidente des abominables desseins du futur régicide, elle assistait aux conciliabules secrets et elle avoue même dans ses Mémoires que ses affections étaient tout entières pour la Révolution et les révolutionnaires, surtout pour Péthion, Voidel, Talleyrand, Barrère, etc. On peut juger par là seulement des beaux principes qu'elle dut inspirer au jeune duc de Valois et à ses frères. Ils l'appelaient leur tendre mère. Non seulement, elle aima à les mener voir la prise de la Bastille ; mais à Passy, elle assista avec eux sur une terrasse au défilé des brigands portant sur des piques les têtes des gardes du corps quiils venaient d'égorger. Enfin, elle applaudit au titre de : Jeune Egalité, que se donna le duc de Valois, digne élève de sa gouvernante.

l'aumônier de la maison, en présence du curé de la paroisse et de deux valets, qui, certainement, n'avaient pas été témoins de l'accouchement, comme dans un autre temps, mais dans un cas pareil, Louis-Philippe prétendit, avec tant d'insolence, qu'aurait dû l'être le maréchal Suchet (1). Il oubliait alors, dans la soif du pouvoir dont toute sa vie il fut dévoré, que pour lui-même, non seulement il n'y avait pas eu de témoins, mais qu'on n'avait dressé aucun acte ni rempli aucune des formalités qui auraient dû accompagner la naissance d'un prince du sang royal. Cette omission tout-à-fait inusitée donna lieu dans le public à beaucoup de propos et d'épigrammes sur cette naissance, dont cependant on n'avait alors aucun motif connu de soupçonner la légitimité. Ce n'est que depuis quelques années et surtout au moment où nous écrivons, que les *Mémoires de Maria-Stella-Pétronilla*, dont une troisième édition vient de paraître, ont fixé l'attention du public et jeté une vive lumière sur cette grave question.

La plus forte objection qu'on ait faite à cette accusation de substitution d'enfants, que nous avons à raconter, est fondée sur les vertus de la duchesse d'Orléans que nous sommes loin de contester, et sur le peu d'intérêt qu'elle et son mari auraient eu de commettre un pareil crime. Mais ne sait-on pas à quel point cette dame était soumise aux volontés de son mari, que sa vie avec lui fut comme un martyre? Et ne sait-on pas aussi que la plus grande partie de leur immense fortune consistait en apanages, qui devaient, à défaut d'enfant mâle, retourner à la couronne; et qu'à cette époque la duchesse, qui était mariée depuis quatre ans, n'avait eu qu'une fille morte en naissant? Or, il est bien sûr que, dans cet état de choses, la princesse et son époux partirent pour l'Italie, au commencement de l'année 1773, sous le nom de comte et comtesse de Joinville, et qu'ils s'arrêtèrent plusieurs mois au sommet des Apennins, dans la petite ville de Madigliana, où se manifestèrent chez la princesse des symptômes d'une nouvelle grossesse. Le duc qui aimait à fréquenter le bas peuple, ayant fait connaissance avec un geôlier nommé Chiappini, dont la femme était enceinte en même temps que la duchesse, convint avec lui que, si celle-ci accouchait d'une fille, et la geôlière d'un garçon, il y aurait substitution. »

Je vous entends déjà vous écrier, mon cher Monsieur : « Non, cela n'est pas possible. » — Pas possible chez un homme d'honneur et vertueux comme vous, assurément ; mais chez un homme dévoré d'ambition et de cupidité jusqu'à tramer et voter la mort de son roi, cela n'étonne nullement. Mais poursuivons :

Les deux accouchements ayant eu lieu précisément ainsi qu'on l'avait présumé, tout ce qui était convenu fut exécuté de part et d'autre, et une forte somme remise au geôlier. Son fils, né à Modigliana, le 17 avril 1773, fut en conséquence transporté à Paris, et tenu caché jusqu'au 6 octobre, où se fit la cérémonie de l'ondoiement, ainsi qu'on l'a vu, tandis que la fille dont la duchesse était accouchée en Italie resta dans la maison de Chiappini, où elle fut élevée comme son enfant, sous le nom de Maria-Stella-Pétronilla, par des secours envoyés secrètement de France, chaque année.

Cette dernière, selon ses Mémoires, demeura longtemps dans cette triste position, sans connaître sa haute naissance, et fort maltraitée par sa prétendue mère, qui ne l'aimait point et qui regrettait son fils, dont elle ignorait la destinée. Le père Chiappini seulement en savait davantage. Cependant le duc ne s'était fait connaître à lui que comme comte de Joinville, et le geôlier ne soupçonnait pas que ce fût un prince du sang royal de France. Il n'avait donc pu le faire savoir à sa femme, et, bien moins encore à sa prétendue fille qui, plus belle que ses autres enfants, et dont tout indiquait qu'elle n'était pas du même sang, étonnait tout le monde par son esprit et ses talents précoces. A peine âgée de dix-sept ans, elle fit sur lord Newborough, l'un des plus riches seigneurs d'Angleterre, qui passa dans le pays, une si vive impression qu'il l'épousa presque malgré elle, et l'entraîna sur les bords de la Tamise, où elle vécut longtemps dans une grande opulence. Elle en eut plusieurs enfants, et recueillit après sa mort une assez belle succession, dont plus tard elle perdit une partie, en épousant un gentilhomme russe, le baron de Sternberg, qui la conduisit à Saint-Pétersbourg, où elle passa aussi plusieurs années dans l'opulence et eut un fils qu'elle amena fort jeune en Italie, peu de temps avant la mort de celui qu'elle regardait encore comme son père, le geôlier Chiappini, lequel, avant d'expirer, lui écrivit une lettre qui changea toute son existence, mais qui devait troubler le reste de sa vie. Nous la donnons ici, cette lettre, parce que sans l'avoir lue, il est difficile de bien comprendre la suite de cette affaire. Il paraît qu'en la lui envoyant par la poste, sans se faire connaître, les fils de Chiappini, qui avaient recueilli la succession de leur père, retinrent des papiers qui auraient pu être utiles à la baronne, laquelle, d'ailleurs, eut encore d'autres sujets de plaintes contre cette famille ; et cependant, elle lui avait fait beaucoup de bien, quand elle la croyait sienne. Voici cette lettre :

« Milady, je suis finalement arrivé au terme de mes jours, sans avoir dévoilé à personne un secret qui regarde directement vous et moi. Ce secret est le suivant :

« Le jour que vous naquîtes d'une personne que je ne puis nommer, et qui est déjà passée dans l'autre vie, il me naquit aussi un garçon. Je fus requis à faire un échange, et, attendu ma fortune de ce temps, je consentis à des propositions réitérées et avantageuses, et ce fut alors que je vous adoptai pour ma fille, de la même manière que mon fils fut adopté par l'autre partie. Je vois que le ciel a suppléé à mes fautes, puisque vous êtes placée en un état de meilleure condition que votre père, quoi qu'il fût dans un rang presque semblable, et c'est ce qui me fait terminer ma vie avec quelque repos. Gardez ceci par devers vous, pour ne pas me rendre totalement coupable. Oui, en vous demandant pardon de ma faute, je vous prie de la tenir, s'il vous plaît, cachée, pour ne point faire parler le monde sur une affaire sans remède. Cette lettre même ne vous sera remise qu'après ma mort. »

« Signé : Laurent CHIAPPINI. »

Cette révélation qui changeait entièrement sa position, qui, du rang de la fille d'un geôlier, l'élevait à celui de fille d'un grand seigneur, travailla singulièrement l'esprit de Maria-Stella à découvrir le mystère. Douée d'une grande énergie, de nobles sentiments, et, ne croyant point comme le geôlier, que l'affaire est sans remède, la voilà qui se met en marche, frappe à toutes les portes, cherchant partout des témoins, des renseignements. Enfin, elle apprend d'une manière certaine qu'elle est la fille du comte de Joinville, gentilhomme français, dont elle ignore le rang et la haute fortune, mais qu'elle saura bien découvrir... Ce fut, animée de cet espoir que dans les premiers mois de l'année 1823 elle se mit en route pour la France, avec le dernier de ses enfants, le jeune Edouard, fils du baron de Sternberg, et se dirigea vers la ville de Joinville, dont elle était persuadée que son père avait été le seigneur. Mais elle apprit, à son arrivée, que le comté de Joinville faisait autrefois partie des apanages de la maison d'Orléans, et que le duc mort sur l'échafaud, en 1793, en avait pris quelquefois le nom dans ses voyages.

Alors elle se rend à Paris, où elle fait d'inutiles démarches pour pénétrer jusqu'à celui qui porte le nom et qui est devenu l'unique héritier de la puissante famille d'Orléans. Elle consulte beaucoup de gens d'affaires, et tombe dans les pièges de fripons, de gens de police, qu'elle paie fort cher et qui lui dérobent des pièces importantes

A bout de moyens, elle recourt à une ruse bien excusable, si l'on considère les difficultés de sa position ; elle annonce dans les journaux que la baronne de Sternberg est chargée d'une communication du plus haut intérêt pour les héritiers du comte de Joinville. Cet avis, porté à Louis-Philippe, réveille sa cupidité, et persuadé que c'est une succession à recueillir, ce prince dépêche à la baronne le vieux abbé de Saint-Phar, son oncle naturel, qui croit aussi que c'est un héritage dont il aura sa part. Mais quand, au contraire, ils voient que c'est une succession qu'il s'agit de rendre, toutes les portes du Palais-Royal sont encore plus rigoureusement fermées à la baronne. Elle fait de nouvelles démarches, tombe dans de nouveaux pièges tendus par la police royale, dévouée alors au duc d'Orléans, et comme ces misérables, en lui escroquant beaucoup d'argent, lui avaient également soustrait des pièces importantes, elle se vit obligée de retourner en Italie pour y faire des recherches.

Enfin, après une absence de plusieurs mois elle revient avec de nouveaux moyens et surtout avec un jugement du tribunal de Faenza du 29 mai 1824, qui fixe son état et qui établit qu'elle n'est point fille de Chiappini, mais du comte de Joinville. Cette pièce m'a paru si remarquable ainsi que la rectification judiciaire de l'acte de naissance que j'ai cru devoir les joindre malgré leur étendue à cette lettre déjà si longue. La question en vaut la peine ; car ce jugement semble péremptoire, surtout si l'on considère que le duc d'Orléans était alors le seul en France qui eût le titre de Joinville, et qu'il voyagea réellement en Italie sous ce nom avec sa femme, précisément à l'époque désignée.

A ce sujet, je vous dirai la singulière rencontre que j'ai faite à Paris. C'était en 1853 ; dans la pension où je prenais mes repas, en rue Vaugirard, je fis la connaissance du colonel Posson, qui avait brisé son épée, à la chute de

Charles X. La conversation tomba un jour sur Maria-Stella ; comme je témoignai au narrateur de ses infortunes sinon mon incrédulité, du moins mon étrange étonnement à l'endroit du troc des enfants : « — N'en doutez pas, Mon-« sieur, me dit le brave colonel ; j'ai été moi-même por-« teur des papiers de la cour romaine au recteur de l'église « de Faenza, pour la rectification de l'acte de sa nais-« sance, qu'avait obtenue Maria-Stella. »

Ainsi, il ne serait pas même Français ce Louis-Philippe, si honteusement chassé du trône usurpé, n'ayant pour escorte que le mépris et des malédictions. Et si l'on ajoute à ce fait, continue Michaud, la méprisable déclaration que son père Louis-Philippe-Joseph dit Egalité, fit à la Com-mune de Paris, en 1792, sur les dérèglements de sa mère et l'illégitimité de sa propre naissance (1), on sera bien assuré qu'il ne circule pas dans les veines de cette famille une goutte du sang d'Henri IV.

Revenons à Maria-Stella :

Armée cette fois de la pièce capitale et de plusieurs au-tres témoignages, elle revint à Paris, pleine de confiance et d'espoir, et comme auparavant elle n'y rencontra pas un honnête homme pour l'assister dans ses démarches mais toujours des intrigants pour lui voler son argent. Cependant on lui fit faire par des voies insidieuses des offres d'argent qu'elle refusa hautement et avec une fierté véritablement digne du sang royal (2). Convaincue

---

(1) Il se déclara fils d'un cocher nommé Lacroix, que nous avons vu à Paris en 1810, dans les dernières années de sa vie et qui res-semblait beaucoup, en effet, au duc d'Orléans, mort en 1793. Il avait été cocher chez le banquier Duruet (Michaud).

(2) *Propositions à Maria-Stella.* — Louis-Philippe voyant qu'il fal-lait à tout prix empêcher le terrible mystère d'arriver à la publicité et que le plus sûr moyen était d'éloigner de la France cette femme dan-gereuse, par un sacrifice pécuniaire important, envoya pour la sonder M. Dupin, quelques jours après la visite de l'abbé de Saint-Phar. Le négociateur se présente donc à l'hôtel de Maria-Stella et lui pro-

qu'elle était la fille du duc d'Orléans, elle voulait être reconnue pour telle, toute autre proposition l'offensait. Sa taille, ses traits, ses manières, jusqu'à sa voix, tout en elle semblait indiquer cette haute origine. Parlant avec force et conviction, elle était admirée, écoutée par tous les hommes impartiaux et il était difficile de n'être pas persuadé après l'avoir entendue. D'un autre côté, elle avait une ressemblance frappante avec Madame Adélaïde, sœur du duc d'Orléans, tandis qu'elle trouvait ce dernier fort ressemblant au geôlier qu'on avait voulu lui donner pour père. On raconte même qu'un jour ayant mené à la galerie des tableaux son petit Edouard qui avait connu Chiappini cet enfant s'écria à plusieurs reprises, en voyant un portrait de Louis-Philippe : *Papa Chiappini ! Papa Chiappini !*

On a même dit, à propos de ce fait, que la police, sans cesse sur les pas de la baronne, et qui empêchait de tout son pouvoir la circulation de ses Mémoires, la menaça de

---

pose deux millions, si elle veut sortir de France, n'y reparaître jamais, et se taire pleinement sur son origine. Les deux millions lui seraient comptés à la frontière, le jour de son départ. Elle devait trouver cette proposition généreuse, disait-il, attendu que le duc d'Orléans ayant possession d'Etat, ne pouvait rien craindre de ses instances. M. Dupin vit encore, qu'il dise si je rapporte bien son argumentation, et la réponse digne qu'il a reçue :

« Monsieur, lui dit la baronne, celui qui vous envoie sait que je suis au dessus du besoin. Mon premier mari, lord Newborook, m'a laissé une rente de 42,000 francs ; mon fils aîné, lord Spencer, siège au Parlement d'Angleterre, et mon second fils succède à la place de son père, le baron de Sternberg, auprès de l'empereur Nicolas : ainsi c'est pour moi une question de justice et d'honneur, et non une question d'argent : c'est tout ou rien. »

M. Dupin insista : « Réfléchissez-y, Madame, il y a deux millions à gagner d'un côté et rien à espérer de l'autre. — C'est tout réfléchi, reprit la baronne avec dignité, allez rendre ma réponse. »

M. Dupin se retira, et l'on avisa, au Palais-Royal, aux moyens de paralyser les tentatives que ferait Maria-Stella.

Extrait de la brochure : *Le grand mensonge dévoilé, ou Louis-Philippe, duc d'Orléans par substitution, reconnu fils de Lorenzo Chiappini*, par M. D. O. Paris Ledoyen, libraire Palais-National 1848.

l'emprisonner. Charles X tombé du trône, la position de Maria-Stella devint encore plus embarrassante. On la traqua partout comme une personne dangereuse, on voulut même la forcer de retourner en Angleterre quand l'ambassadeur anglais la prit sous sa protection. Enfin, se voyant dépouillée de ses Mémoires, environnée d'espions, éloignée des tribunaux si honteusement dévoués au pouvoir de ce temps-là, et n'ayant plus auprès d'elle son petit Edouard que le baron de Sternberg avait ramené en Russie elle se retira dans un modeste appartement qu'elle ne quitta plus jusqu'à sa mort, en 1845.

J'ai été un peu long, n'est-ce pas ? sur Maria-Stella, mais ce récit m'a semblé nécessaire à éclairer le fait capital de la substitution. Or, s'il est vrai, ainsi raconté par Michaud, (et pourquoi ne le serait-il pas, appuyé qu'il est par les tribunaux civils et ecclésiastiques ?) vous avouerez avec moi, mon cher Monsieur, que la famille d'Orléans ne doit pas être fière, pas plus que la France elle-même ; la première, de descendre du geôlier Chiappini ; la seconde, d'avoir donné sa couronne à l'Italien Philippe Chiappini.

Quoi qu'il en soit, que ce dernier soit de Philippe-Egalité, ou non, son règne n'a été qu'une longue trame de bassesses, de cupidités sordides, et n'eût-il à se reprocher que l'assassinat du prince de Condé, il en restera toujours taché de sang.

Le comte de Chambord qui portait avec lui les espérances des honnêtes gens étant mort, il faudra donc se résigner, me dites-vous, à se tourner vers le comte de Paris, représentant de la branche cadette des Bourbons ; après tout, il n'est pas responsable des crimes de ses aïeux, les fautes sont personnelles ; qu'en pensez-vous ? — Comme j'ai eu l'honneur de vous le dire déjà, je trouve l'histoire de France tellement faussée par ses écrivains, l'opinion publique tellement erronée par sa crédulité incroyable à des historiens de mauvaise foi ou salariés par le pouvoir, ou bien encore, à accepter avec une légèreté criminelle les faits accomplis, faisant litière des principes ; d'autre part, en suivant pas à pas la marche de la justice divine dans la loi du talion envers les usurpateurs, je m'arrête stupéfait ; je suspends tout jugement, je ne compte plus sur les hommes et mets toute ma politique à attendre avec soumission celui que Dieu destine au relèvement de notre pauvre France.

C'est dans cette confiance que je vous prie d'agréer, etc.

JUGEMENT DE LA COUR ECCLÉSIASTIQUE
DE FAENZA

Ayant invoqué le très-saint nom de Dieu ; nous séant dans notre tribunal, et n'ayant devant les yeux que Dieu et la justice ; par notre sentence définitive que, sur les traces des jurisconsultes, par ces écrits prononçant dans le procès, ou les procès qui s'agitent par devant nous en première, ou toute autre plus véritable instance ; entre Son Excellence Marie Newboroug Sternberg, domiciliée à Ravenne, demanderesse, d'une part ; et M. le comte Charles Bandini, comme curateur judiciairement député par MM. le comte Louis et la comtesse de Joinville, et pour tout autre absent qui aurait ou prétendrait avoir intérêt en cause, défendeur convenu, comparu en justice, ainsi que l'Excellentissime M. le docteur Thomas Chiappini, domicilié à Florence, également défenseur convenu, non comparu en justice ; considérant que pardevant cette curié épiscopale, comme tribunal compétent à cause des actes ecclésiastiques sous-indiqués assujétis à sa juridiction, la demanderesse a requis qu'il soit ordonné, moyennant annotation convenable, la correction de son acte de baptême, etc. Que de la part du curateur-défendeur convenu, il a été requis que l'instance de la

demanderesse soit rejetée, les frais refondés ; que l'autre
défendeur convenu, le docteur Chiappini, n'est point
comparu en justice, quoique par le moyen d'un huissier archiépiscopal de Florence il ait été deux fois cité,
suivant la coutume de cette curie, et que l'effet de sa con-
tumace a été joint à la décision du procès ;

Vu les actes, etc ; ayant entendu les défenseurs respectifs, etc ; considérant que Laurent Chiappini étant près du
terme de sa vie, a par une lettre qui fut remise à la demanderesse après le décès du susdit Chiappini, révélé à la
même demanderesse le secret de sa naissance, en lui mani-
festant clairement qu'elle n'est pas sa fille, mais la fille
d'une personne qu'il déclare ne pouvoir nommer, qu'il a
été légalement reconnu par les experts que cette lettre est
écrite de la main de Laurent Chiappini ; que le dire d'un
homme moribond fait pleine preuve, puisqu'il n'a plus
intérêt à mentir, et que l'on présume qu'il ne pense qu'à
son salut éternel ; qu'on doit regarder un tel aveu comme
un serment solennel, et comme une disposition faite en
faveur de l'âme et de la cause pie ; qu'en vain M. le curateur essaierait d'ôter à ladite lettre sa vigueur, attendu
qu'il n'y est point indiqué quels étaient les vrais père et
mère de la demanderesse, puisque, quoiqu'il y ait réellement le défaut de cette indication, on a eu néanmoins re-
cours, de la part de la même demanderesse, à la preuve
testimoniale, aux présomptions et aux conjectures ; que
lorsqu'il y a eu commencement de preuves par écrit,
comme dans le cas présent, on peut, même dans les questions d'Etat, introduire la preuve testimoniale et tout autre
argument, que si, dans les causes d'Etat, à la suite du
principe de preuve par écrit, celle au moyen de témoins
est aussi admissible, on devra à plus forte raison la retenir
dans cette cause, où l'on ne requiert qu'une pièce pour
s'en servir après dans la question d'Etat ; — considérant
que des dispositions judiciaires et assermentées des témoins

Marie et Dominique Marie, sœurs Bandini, il résulte clairement avoir eu lieu la convention entre M. le comte et le sieur Chiappini, de troquer leurs enfants respectifs dans le cas où la comtesse donnerait le jour à une fille et la femme Chiappini à un garçon, que le troc convenu s'effectua convenablement, et le cas prévu s'étant vérifié ; que la fille fut baptisée dans l'église du prieuré de Modigliana, sous le nom de Maria-Stella, en l'indiquant faussement fille des époux Chiappini ; qu'elles déposent, unanimement, de l'époque du troc, laquelle coïncide avec celle de la naissance de la demanderesse, et qu'elles allèguent la cause de la science, etc.

Considérant que c'est également en vain que M. le curateur oppose l'invraisemblance de cette déposition, puisque non seulement on ne rencontre aucune impossibilité dans leurs dires ; mais qu'ils sont au contraire appuyés et vérifiés par une très grande quantité d'autres présomptions et conjectures, qu'une très forte conjecture se déduit de la voix publique et du bruit qui alors se répandirent sur le fait du troc, laquelle voix publique, par rapport aux choses anciennes, se compte pour une vérité et pour une pleine science, que cette voix publique est prouvée, non seulement par les dépositions des sœurs Bandini susdites, mais aussi par l'attestation de M. Dominique de la Valle, et par celle des autres témoins de Brisighellla et de ceux de Ravenne, toutes légalement et judiciairement examinées dans leurs pays et dans les tribunaux respectifs ; que les vicissitudes auxquelles fut assujéti M. le comte convainquent de la réalité du troc, qu'il est prouvé aux actes que, par suite des bruits répandus à Modigliana sur l'échange en question, le comte de Joinville fut contraint de quitter ce lieu pour se réfugier dans le couvent de Saint-Bernard de Brisighella, d'où étant sorti pour se promener, il fut arrêté, et puis, après avoir été gardé pendant quelque temps au palais public de Brisighella, il fut conduit par les gardes-suisses de Ravenne par devant Son Eminence monseigneur le cardinal-légat, qui le remit en liberté, etc. ; que M. le comte Nicolas Biancoli-Borghi atteste dans son examen judiciaire, que tandis qu'il dépouillait les anciens papiers de la maison Borghi, il lui tomba sous la main une lettre écrite de Turin à M. le cómte Pompée Borghi, dont il ne se rappelle pas la date, signée Louis C. Joinville, laquelle portait que l'enfant troqué était mort, et qu'il ne restait plus de scrupule à cet égard ; considérant que le même comte Biancoli-Borghi allègue la science comme motif de sa déposition, etc. ; que le fait du troc est aussi prouvé par le changement en meilleure fortune de Chappini, etc. ; que celui-ci parla du troc à un certain don Bandini de Varioso, etc.; que la demanderesse reçut une éducation convenable à son rang distingué, et non pas comme on aurait élevé la fille d'un geôlier, etc. ; qu'il résulte clairement de toutes les choses jusqu'ici motivées, et de plusieurs autres existant aux actes, que Maria-Stella fut faussement indiquée dans l'acte de naissance comme étant fille des époux Chiappini, et qu'elle doit sa naissance à M. le comte et madame la comtesse de Joinville, qu'il est en conséquence de toute justice d'accorder la correction de l'acte de naissance que réclame maintenant cette même Maria-Stella ; enfin, que M. le docteur Thomas Chiappini, au lieu de s'opposer à la demande, s'est rendu contumax, etc. ; ayant répété le très saint nom de Dieu, nous disons, arrêtons et jugeons définitivement que l'on doit rejeter, ainsi que nous rejetons, les exceptions de M. le curateur susdit, défendeur convenu ; nous voulons et ordonnons qu'on les tienne comme rejetées ; et par conséquent, nous avons aussi dit, arrêté et définitivement jugé que l'on ait à rectifier et corriger l'acte de naissance du 17 avril 1773, inséré aux registres baptismaux de l'église priorale de Saint-Etienne, pape et martyr, à Modigliana, diocèse de Faenza, où ils se trouve que Maria-Stella est

indiquée comme étant fille de Laurent Chiappini et de
Vincence Diligenti, et qu'on ait, au contraire, à l'indiquer
fille de M. le comte Louis et de madame la comtesse N. de
Joinville, français, auquel effet nous avons également
arrêté que la rectification dont il s'agit soit opérée d'office
par notre greffier, avec faculté aussi, à M. le Prieur de
l'église de Saint-Etienne, pape et martyr, de Modigliana,
diocèse de Faenza, de délivrer copie de l'acte ainsi rectifié
et corrigé à tous ceux qui pourraient la demander, etc.;
considérant que j'ai prononcé, le chanoine prévôt, signé,
Valerio, Boschi, provicaire général. Le présent jugement
a été prononcé, donné, et par ces écrits, promulgué par le
très illustre et très révérent monseigneur provicaire général, séant en son audience publique, et il a été lu et publié
par moi, notaire-greffier soussigné, l'an de la naissance de
Notre Seigneur-Jésus-Christ, 1824, indiction XII, aujour-
d'hui 29 mai, sous le règne de notre seigneur Léon XII,
P. O. M, l'an 1er de son pontificat, y étant présents, outre
plusieurs autres, M. Jean Ricci, notaire, et M. le docteur
Thomas Beneditti, tous deux plaidants de Faenza, témoins.
Signé, Ange Morigni, notaire-greffier général épiscopal.

RECTIFICATION DE L'ACTE DE NAISSANCE.

Cejourd'hui, 24 juin 1824, séant en la sainteté de notre
seigneur le Pape Léon XII, Souverain Pontife, heureusement régnant, l'an 1er de son pontificat, indiction XII, à
Faenza, le délai de dix jours, utile pour interjeter appel,
s'étant écoulé depuis le jour de la notification respective
du jugement prononcé par ce tribunal ecclésiastique de
Faenza, le 29 mai dernier, dans le procès de Son Excellence
lady Marie Newborough, baronne de Sternberg, contre

M. le comte Charles Bondini, de cette ville, comme curateur judiciaire député à M. le comte Louis et Madame
la comtesse N. de Joinville, et à tout autre absent non
comparu qui aurait ou prétendrait avoir intérêt en cause,
ainsi que contre M. le docteur Thomas Chiappini, demeurant à Florence, Etat de Toscane, sans que personne ait interjeté appel, moi, soussigné, en vertu des facultés qui m'ont
été données par le jugement sus-énoncé, j'ai procédé à l'exécution du même jugement, moyennant la rectification du
certificat de naissance produit aux actes du procès, qui est
de la teneur ci-après : Au nom de Dieu, Amen. Je soussigné, chanoine chapelain, curé de l'église priorale et collégiale de Saint-Etienne, pape et martyr, en la terre de Modigliana, dans les Etats de Toscane et du diocèse de
Faenza, certifie avoir trouvé dans le quatrième livre des
actes de naissance le mémoire suivant : Maria-Stella-Pétronilla, née hier des époux Lorenzo, fils de Ferdinand
Chiappini, huissier public de cette terre, et de Vincenzia
Diligenti, fille de feu N. de cette paroisse,-fut baptisée le
17 avril 1773, par moi, chanoine, François Signani, l'un
des chapelains. Les parrain et marraine furent François
Bandelloni, archer, et Stella Ciabatti. En foi de quoi,
etc.....à Modigliame, le 16 avril 1824, signé Gaëtan Violani,
chanoine, etc. J'ai, dis-je, prononcé à l'exécution du jugement sus-énoncé, moyennant la rectification susdite, laquelle s'opère définitivement dans les formes et termes ciaprès : Maria-Stella-Pétronilla, née hier des époux M. le
comte Louis et Madame la comtesse N. de Joinville, Français, demeurant alors dans la terre de Modigliana, fut
baptisée le 17 avril 1773, par moi, chanoine, François
Signani, l'un des chapelains. Les parrain et marraine furent
François Bandelloni, archer, et Stella Ciabatti. Signé Ange
Morigni, notaire-greffier du tribunal épiscopal de Faenza. »

LETTRE IV

EST-IL VRAI QUE LOUIS XVII N'EST PAS MORT DANS LA PRISON
DU TEMPLE ET QU'IL A LAISSÉ DE LA POSTÉRITÉ ?

Bien cher Monsieur,

E vous disais dans ma dernière lettre que vous seriez étrangement surpris des documents nouveaux que je vous apportais, je dis nouveaux quoique de fait ils ne le soient pas en eux-mêmes, mais probablement nouveaux pour vous, et certainement pour les trois quarts du public. Les Orléanistes, qui en ont connaissance, se garderont bien d'en parler, ou traiteront de roman les Mémoires de Maria-Stella, et la preuve pourtant que ces Mémoires les touchent au vif, ainsi que la *Biographie de Louis-Philippe*, ex-roi des Français, par Michaud, c'est que, m'a-t-on assuré, ils ont fait des recherches inouïes pour en enlever tous les exemplaires. Voilà pourquoi cet ouvrage est si rare aujourd'hui qu'on ne le trouve plus, même à Paris.

Il me reste maintenant à vous répondre sur la dernière question :

Est-il vrai que Louis XVII n'est pas mort dans la prison du Temple et qu'il a laissé de la postérité ?

Quelques historiens affirment qu'il y est mort, et beaucoup d'autres le nient. C'est encore là un fait historique qui, sérieusement étudié, c'est-à-dire sans parti-pris d'avance, vous jette dans le plus grand embarras, lorsque vous vous trouvez en face de gens qui tranchent carrément la question, sans preuves, sans discussion aucune. Oserez-vou soutenir contre les premiers l'évasion de l'enfant royal ? Mettrez-vous sous leurs yeux les pièces à l'appui ; les témoignages de ceux qui ont favorisé, facilité, exécuté cette évasion ? Ils en riront. — Quoi ! vous diront-ils d'un ton moqueur, vous aussi en êtes là, à croire ces contes ridicules ? Comment se fait-il qu'avec votre bon sens vous mettiez seulement en doute un fait qui a pour lui nos grands historiens, la portion la plus intelligente et la plus haute de la société, en un mot, l'opinion générale ? Comment pouvez-vous supposer que la famille des Bourbons, et particulièrement la duchesse d'Angoulême, si Louis XVII avait réellement échappé à ses geôliers, ne l'eussent pas accueilli avec empressement ? Allons, mon bon Monsieur, c'est évident, vous vous êtes laissé tromper, attendrir par les récits de la famille Nauendorff qui prétend descendre du fils de Louis XVI. Son père est un faux dauphin comme tant d'autres, son affaire a été jugée comme la leur, et certes, le beau trône de France n'est pas pour les enfants d'un horloger prussien, etc., etc.

Telles sont, sommairement, les objections qu'on vous apporte, toujours d'un air victorieux, parfois hautain. Ces raisons sont graves par elles-mêmes, je l'avoue volontiers et peuvent paraître concluantes, péremptoires à quiconque ne s'est pas donné la peine de lire attentivement la contradictoire et de comparer les preuves et les témoignages de ceux qui nient, puis, de peser les uns et les autres dans la balance de la plus entière impartialité. Or, je vous le certifie, mon cher Monsieur, j'ai tenté de remplir ce devoir le plus consciencieusement possible. Vieux légitimiste, j'étais, je vous le répète, tout dévoué au comte de Chambord ; je le tenais pour mon roi par principe politique, je portais la plus profonde estime à ses rares qualités et à ses vertus. J'étais donc loin, ainsi que la grande majorité des Français, de mettre en doute ses droits à la couronne. Comme presque tout le monde, je croyais à la mort du dauphin au Temple et ne pouvais supposer l'erreur chez les écrivains, surtout légitimistes. Mais cette mort du comte de Chambord, contre notre attente, précisément au moment où je recevais les documents les plus curieux sur l'évasion et les infortunes de Louis XVII, me donna beaucoup à réfléchir. Serait-il vrai, me dis-je, que l'opinion publique ait été égarée à l'endroit du dauphin, comme elle l'a été à celui de Maria-Stella ? Cette mort est trop frappante après les prières et les vœux qui s'élevaient des quatre bouts de la France pour sa conservation. Qui sait si l'histoire de Louis XVII n'a pas été un mensonge et si le ciel ne veut pas nous ramener à la vérité ? Là-dessus, je me mis à la recherche de tout ce qui a été écrit sur ce dernier par ses partisans. Je vous le confesse en toute sincérité, ayant lu, examiné sérieusement le dossier de la partie adverse, je suis bien revenu de mes premières appréciations des hommes et des choses ; et voilà pourquoi je vous disais dans la précédente lettre que je n'y comprenais plus rien à la manière dont était traitée notre histoire de France. Ah ! certes, si dans cette question du dauphin, question capitale pour la nation, les historiens ont les uns menti, les autres répété le mensonge, sans contrôle, c'est là qu'il faut voir la cause des malheurs qui pèsent sur nous depuis bientôt un siècle. Après donc une étude réfléchie des documents sur Louis XVII, voici ce que j'aurais à répondre à ceux qui affirment sa mort au Temple, s'appuyant sur les historiens : de même que Sa Sainteté Léon XIII dénonce, dans sa lettre aux cardinaux de Luca, Pitrat et Nergenrather, le travail des historiens, ennemis de l'Eglise, comme une conspiration contre la vérité doctrinale, de même, serais-je fondé à dire des historiens légitimistes qu'ils ont conspiré contre la vérité historique au sujet de l'enfant du Temple ; car, de même que les premiers ont écrit dans un esprit de haine contre la religion, de même les derniers ont écrit dans un esprit de parti, oubliant que la première loi de l'histoire, dit encore le grand Pape Léon XIII, est de ne pas mentir, comme la deuxième est de ne pas craindre de dire vrai (1)

Or, les preuves de l'évasion du Temple sont nombreuses : La Convention et les conventionnels l'ont avouée ; elle a été proclamée par les chefs de la Vendée et de la Bretagne ; elle a été dénoncée officiellement aux cabinets étrangers ; Napoléon Iᵉʳ, Louis XVIII, Charles X et Louis-Philippe en étaient tellement convaincus que tous, successivement, s'efforcèrent constamment de faire disparaître les traces de cette existence qui les gênait, soit en se débarrassant des témoins et des personnes dévouées au Dauphin, soit en anéantissant les pièces de conviction. Toutefois, il reste encore assez de documents, preuves écrasantes des scélératesses commises à ces fins (2). Ce qui confirme cette notoriété de l'évasion, d'une manière spéciale, c'est le refus des souverains de l'Europe à accorder le titre de roi à Louis XVIII qu'il voulut prendre aussitôt après la mort de prétendu Louis XVII, persuadés qu'ils étaient de son existence, et s'ils cédèrent plus tard, ce ne fut, selon une convention entr'eux, que par raison de paix européenne. Cette notoriété, en second lieu, fut confirmée par Louis XVIII lui-même en refusant le cœur de l'enfant mort au Temple, précieusement conservé par le docteur Pelleton qui avait autopsié le corps de l'enfant (substitué) (3) ; c'est en troi-

---

(1) *Lettre du 18 août 1883.*

(2) Voir l'ouvrage : *la survivance du roi martyr.*

(3) Cette substitution trouve sa confirmation, pour nous péremptoire, dans la déclaration du docteur Carrière, faite à M. Comte,

sième lieu l'impossibilité où s'est trouvé Louis XVIII d'obtenir de la cour de Rome l'autorisation de faire célébrer un service mortuaire et anniversaire à la mémoire de Louis XVII, car on y était convaincu de l'existence du Dauphin. On trouvera même dans les archives du Vatican, une allocution du grand Pape Pie VI au Sacré-Collège, trois jours avant son enlèvement sacrilège, par l'ordre de Napoléon, dans laquelle il indique « le jeune Louis-Charles, duc de Normandie, comme retiré dans le Bocage et jouissant d'une parfaite santé. » Je ne finirais pas si j'apportais toutes les preuves de l'évasion, fort bien démontrées dans l'excellent ouvrage, *La Survivance*.

Vous attaquez donc la famille royale, me dira-t-on, en nous la montrant l'ennemie de Louis XVII ? — Vraiment, répondrai-je à mon tour, vous aussi, en êtes-là sur l'honnêteté, sur la vertu de Louis XVIII ? Je ne vous croyais

---

actuellement retiré à Carcassonne, le 21 mai 1874. La voici (1) :

J'habitais Paris, dit le docteur, en qualité d'écolier, et je logeais chez mon oncle, qui fut plus tard le docteur Adoue. Il était alors âgé de 30 ans ; il accompagnait comme prosecteur le docteur Desault dans ses visites et notamment au Temple, où ce dernier était chargé de soigner le Dauphin, fils du Roi.

Je me rappelle lui avoir entendu raconter maintes fois que l'enfant royal avait été substitué et remplacé par un autre enfant rachitique, et voici comment il racontait cet évènement :

« Un jour, j'accompagnais comme d'habitude le docteur Desault dans sa visite au Temple, en arrivant dans la cellule le docteur s'approche du lit où reposait le Dauphin et lui prend la main pour lui tâter le pouls ; tout-à-coup, le docteur Desault, qui était très vif de caractère, s'écrie en lâchant un juron : « Ils ont enlevé l'enfant. »

« En effet, le Dauphin avait à la main une tumeur scrofuleuse, qui ne pouvait pas disparaître si subitement, et que le docteur ne trouva pas en cherchant, ce qui provoqua son étonnement. Le lendemain, le docteur Desault mourait empoisonné à la suite d'un dîner auquel il avait été invité. »

Tels sont les faits que M. Carrier tient de son oncle, le docteur Adoue, comme les lui ayant entendu raconter souvent.

---

(1) Extrait de l'ouvrage *Fin de la Révolution*, librairie Briday, avenue de l'Archevêché, Lyon.

pas si naïf, assurément, vous ignorez son histoire. Si les
écrivains ont passé sous silence son ambition effrenée de
régner, qui l'a poussé à des actes tellement odieux que je
les tairai pour l'honneur des Bourbons, ils n'ont pu cacher
cependant sa conduite inqualifiable, celle de s'entourer des
régicides de son frère Louis XVI, conduite qui laisse trop
malheureusement à penser... Il pensionne Charlotte Ro-
bespierre, la sœur du monstre révolutionnaire ; il prend
pour ministre Fouché, il comble de dignités et d'honneurs
les Conventionnels ; pourquoi ? sinon pour obtenir leur
silence sur sa complicité dans la mort de Louis XVI. Tout
cela explique clairement et au delà l'acharnement qu'il
mettra à poursuivre le vrai roi de France, le Dauphin, son
neveu, jusqu'à l'étranger, à le faire surveiller par ses
espions, à peser de tout son poids sur les cours d'Europe
pour le faire disparaître de la scène du monde, ou pour le
moins à lui interdire l'entrée en France. Et lorsque le duc
de Berry, si bon, si loyal et si honnête, osera protester
contre l'ostracisme porté contre son cousin, le duc de
Normandie, c'est-à-dire le fils de Louis XVI. « Monsieur,
répondra froidement Louis XVIII, l'intérêt de l'État s'y
oppose, il est mort civilement. » Puis, lui montrant la porte
d'un geste irrité : « Sortez d'ici », et peu après le duc de
Berry tombait sous le poignard de Louvel. — C'est triste,
fort triste à dire ces choses, mais c'est la vérité historique
et l'on ne doit pas craindre de dire vrai. La raison d'État,
tel est l'argument suprême qu'alléguait le roi philosophe
pour imposer silence à la conscience des siens ; oui, la raison d'Etat, ça été aussi la réponse du faible Charles X ;
c'est bien le voile dont se couvrent les grands et les souverains pour commettre contre Dieu, contre leurs sujets, les
actes les plus coupables. Dieu aussi a sa raison d'État, celle
de sa justice qui tôt ou tard se fait sentir. N'en subissons-
nous pas encore les justes rigueurs ?

On vous objectera enfin, mon cher Monsieur, votre incroyable crédulité (supposé qu'on admette l'évasion du Dauphin du Temple) aux intrigues de la famille d'un certain horloger prussien, nommé Nauendorff dont elle s'honore, comme étant vraiment le fils de Louis XVI et de Marie-Antoinette. A coup sûr, à un ignorant des faits véridiques concernant la vie tourmentée de l'infortuné Louis XVII, comme je les ignorais moi-même, il y a un an, il sera difficile de répondre, mais éclairé maintenant et croyant être dans la vérité, je me contenterais de dire aux Orléanistes :

N'oubliez pas le geôlier Chiappini.

Quant aux légitimistes, je répondrai ceci : « L'auguste enfant du Temple, après avoir échappé aux bourreaux révolutionnaires, s'est vu condamné à une vie errante de proscrit, poursuivi tantôt par la police de Napoléon, tantôt par celle de Louis XVIII. Réfugié en Prusse, on le força, pour y rester, de prendre le nom de Nauendorff, on lui enleva ses papiers qui constataient sa royale origine, puis, lorsqu'il demanda le droit de bourgeoisie, que réclamait hautement l'opinion de ses concitoyens charmés de sa bonne conduite et de ses manières distinguées, il fut exempt d'apporter, ainsi que plus tard, à son mariage, un extrait de naissance, chose exigée rigoureusement pourtant en Prusse dans ces deux actes de vie civile. Pourquoi cette exemption? Parce que le gouvernement prussien, par peur du gouvernement français, tenait à tenir secrète la haute descendance du proscrit. Or, je vous le demande, dans l'état de détresse où il se trouvait, qui oserait lui jeter le blâme de chercher son existence et celle de sa famille dans la profession d'horloger? Ce fait seul, on peut le croire, suffira pour éloigner de lui, malgré leur conviction sur son identité, certains légitimistes à l'esprit borné, au cœur étroit. Il en coûterait trop à leur morgue de le reconnaître pour leur roi. Oh! s'il n'a pas laissé la fortune à ses enfants, du moins, il a pu leur dire en mourant, à

l'exemple de François Ier : « *J'ai tout perdu, fors l'honneur.* » Riche et sacré héritage que beaucoup de fils de rois
n'oseraient revendiquer (1).

— Qui nous garantira, ajoutera-t-on, que votre Nauendorff était le vrai Dauphin, il y en a eu tant de faux, et, en
second lieu, que la famille Nauendorff aujourd'hui descend
de lui ?

Les pièces à l'appui ne manquent pas. Je sais qu'il y a
eu plusieurs faux dauphins, entr'autres le duc de Riche-
mont, fils de Perrin, boucher, de Lagnieu (Ain), mais je
sais également que la politique des divers gouvernements
a précisément exploité ces circonstances et s'est même
servi de ces aventuriers pour amuser l'opinion publique
et détourner son attention du vrai et légitime prétendant.

Disons en passant que cette apparition des faux dauphins, et que l'intérêt qu'en ont tiré les gouvernements
suffiraient à prouver et l'évasion de Louis XVII et son
identité dans la personne de Nauendorff l'horloger, puisque
c'est le même qui a été traqué en Prusse, en Angleterre,
en France par la politique ambitieuse et haineuse de ses
persécuteurs couronnés, qui n'ont pas rougi pour se débarrasser de leur victime de recourir par leurs espions à la
prison, à l'incendie, à l'assassinat (2). Dieu merci ! il s'est
trouvé deux gouvernements qui ont eu le courage de ne
pas entrer en connivence avec le gouvernement français
dans ce que nous pourrions appeler ce guet-à-pens cri-
minel. Non seulement l'Angleterre et la Hollande donnè-
rent l'hospitalité au royal proscrit et à sa famille, mais
elles l'ont reconnu comme fils de Louis XVI, et lorsque
lui naquirent à Londres deux enfants, Adelbert en 1840,
et Ange-Emmanuel en 1843, tous deux furent inscrits sur
les registres de l'état-civil sous le nom de Bourbon, fils

1) Voir *la Survivance et le Crime politique.*
(2) Cour d'appel de Paris en 1874.

de Charles-Louis de Bourbon, duc de Normandie. Or, Louis-Philippe, alors roi des Français, en acceptant sans protester ce fait accompli, lui pourtant si chatouilleux sur la question des naissances, n'acceptait-il pas, en même temps, la notoriété de l'identité de celui que quelques années auparavant il avait expulsé de France comme un étranger dangereux ? Et plus tard, à la mort de l'infortuné Prince, le 10 août 1845, en Hollande, protesta-t-il davantage contre les noms et qualités ciselés sur la pierre sépulcrale de Delft, que voici :

Ici repose Louis XVII, roi de France et de Navarre (Charles-Louis, duc de Normandie), né à Versailles, le 27 mars 1785, décédé à Delft le 10 août 1845 ?

Pas le moins du monde. Louis-Philippe, comme Louis XVIII, devient donc un témoin forcé du duc de Normandie et de son identité avec le supposé de Nauendorff : reste la dernière objection, savoir : l'affaire des Nauendorff a été jugée, donc elle est enterrée. Beau raisonnement en vérité ! C'est comme si vous disiez, Louis XVI a été jugé, condamné, donc il était coupable. Non, répondez-vous... Louis XVI a été jugé par un tribunal révolutionnaire. Eh bien ! laissez-moi vous répondre à mon tour : Louis XVII et ses enfants ont été jugés par un gouvernement inique et usurpateur. Eh quoi ! lorsque la défense (1) présente soixante-huit faits principaux qui mettent en relief tout ce qui se rattache à l'évasion du Dauphin, tout ce qui a trait à son identité avec le personnage qui, depuis 1810 jusqu'à l'époque de son retour en France, a vécu en Prusse masqué sous le nom de Ch. G. Nauendorff, qui lui fut imposé par le gouvernement prussien, et sous lequel il a exercé la profession d'horloger dans les villes de Spandau, Brandebourg et Crossen, lorsque la dite défense, pour la preuve juridique de ces faits demande l'enquête et se voit repoussée, on osera dire que l'affaire est enterrée ? Allons donc ! disons plutôt que la Cour était alors au bon plaisir du Gouvernement, comme aujourd'hui la magistrature est à celui de la République. Au reste, une preuve sans réplique de l'embarras de Louis-Philippe, c'est que, cet homme d'argent, pour en finir avec le duc de Normandie, s'avisa de le faire sonder, comme s'il se fût agi d'un simple troc. Une lettre écrite au prince à ce sujet, le 1ᵉʳ août 1827, reste en témoignage et se trouve en mains sûres.

Toute longue que vous paraisse cette lettre, bien cher monsieur, à réfuter les objections des adversaires, elle est néanmoins fort courte en elle-même, à côté des faits sans nombre que j'aurais pu leur opposer car je n'ai fait que citer et sommairement les principaux. Ils suffiront, j'aime à le croire, à vous éclairer, comme je l'ai été sur cette grave question, et si vous désirez des détails complets sur la vie de Louis XVII et sur sa famille, je vous recommande particulièrement la *Survivance du roi martyr*. C'est l'arsenal le mieux fourni de toutes armes pour combattre l'ennemi. Vous avez aussi la *Légitimité*, journal hebdomadaire, organe de la survivance (1). Il vient de paraître une brochure fort remarquable : *Où est la Maison de France ?* ou *Lettre aux Légitimistes*, qui résume parfaitement la question (2). Je vous signalerai encore le savant ouvrage, *Fin de la Révolution* sur les prophéties le plus autorisées, touchant le grand monarque (3).

Ce qui m'a frappé par-dessus tout, vous dirai-je en terminant, ce que la lecture des documents m'a laissé de sympathique impression pour le Dauphin, c'est sa patience héroïque dans le malheur, son courage indomptable à lutter cinquante ans contre ses puissants ennemis, achar-

---

(1) *Par un ami de la Vérité*, librairie Boubée, Toulouse. — *La Légitimité*, Toulouse, bureaux, rue de la Pomme, 5.
(2) Lyon, chez Ruban, place Bellecour, 6. — Paris, rue Cassette, 14.
(3) Par M. Pézieux, Lyon, place Bellecour, 6.

nés à sa perte, sa persévérance jusqu'à la mort à réclamer la nationalité française. A coup sûr, s'il eût été un intrigant, un chevalier d'industrie comme ceux qui ont essayé de se mettre à sa place, il n'aurait pas tenu longtemps contre l'adversité. Il faut pour cela toute la force d'une conscience sans reproche, certaine de la vérité de son droit et tenace à remplir un devoir. On peut en dire autant de la constance de ses enfants à continuer la lutte de leur père et à réclamer son héritage. Mais le mensonge historique, commencé à l'évasion du Temple et ne paraissant pas prêt à se dissiper aujourd'hui, soit à cause des préjugés trop enracinés, soit par le mauvais vouloir de l'orgueil des uns, et par la paresse des autres à étudier avec impartialité toutes les pièces justificatives, nous sommes condamnés à attendre le coup de tonnerre de la justice divine, qui dissipera les ténèbres du mensonge et de l'erreur pour faire briller la Vérité.

LETTRE V

Bien cher Monsieur,

ous me demandez ce que je pense de l'agitation des esprits à l'endroit de M. le comte de Paris, pourquoi cette division parmi ceuxlà mêmes qui veulent la monarchie; enfin, de quel côté est la vérité, le droit.

Comme depuis quelques mois je suis attentivement le débat entre les partis et que d'autre part il vient de paraître des livres et brochures qui jettent une vive lumière sur les questions pendantes, j'espère vous donner une réponse satisfaisante et vous amener à une conviction aussi arrêtée qu'est la mienne.

Excepté le petit nombre d'esprits sérieux, droits, sans préjugés, qui ont étudié les documents vraiment historiques sur Louis XVII, je crois la généralité, les uns dans l'erreur, les autres dans la mauvaise foi. Vous en conviendrez vous-même après la lecture des nouvelles publications (1). En attendant, je vais répondre à vos questions touchant le comte de Paris.

Les deux partis se composent des anciens partisans du

(1) *Le Crime Politique, ou Etudes historiques sur Louis XVII,* (Lyon, librairie Briday, avenue de l'Archevêché). *Le Salut de la France* (Toulouse, rue de la Pomme, 5). *L'Orléanisme, c'est la Franc-Maçonnerie* (Paris, rue des Boulangers, n° 22. Guérin, libraire).

comte de Chambord et des Orléanistes. Les premiers, franchement catholiques, accepteraient pour roi le comte de Paris, mais à la condition que ce dernier accepte à son tour et exécute le programme d'Henri V, programme d'un vrai roi de France, celui de respecter et de faire respecter les droits de Dieu et de l'Eglise. Les seconds sont les Orléanistes, catholiques libéraux, et, par là même révolutionnaires, en ce qu'ils font, sciemment ou non, le jeu de la Franc-maçonnerie qui tient la tête de la révolution.

Or, tous sont à côté de la vérité et du droit, n'étant légitimistes ni les uns ni les autres, attendu qu'il est certain que Louis XVII n'est pas mort au Temple, qu'il a vécu assez longtemps, laissant plusieurs enfants. J'ai dit certain, parce que les preuves données dans la *Survivance* (1) et le *Crime Politique* sont sans réplique.

Revenons au comte de Paris :

« Il est si bien, vous dit-on ; c'est un honnête homme, un *bon chrétien, aussi dévoué à l'Eglise qu'à la France.* » Vous le croyez, mon cher Monsieur, comme vous je voudrais pouvoir le croire. Hélas ! si je ne connais pas personnellement le comte de Paris, je connais malheureusement trop l'histoire des d'Orléans pour me laisser prendre à des éloges outrés et au lieu d'accepter le diplôme de perfections que lui donnent si facilement ses partisans, je leur répondrais plutôt par le vieil adage : « On se sent toujours de sa race. »

Ici n'est pas le lieu de rappeler la vie criminelle et odieuse de ses aïeux. Disons seulement pour mémoire, que Philippe-Egalité était le premier Grand-Maître du Grand-Orient, dignité qu'aucun souverain ne reçut jamais après lui de la Franc-maçonnerie, et qui ne lui fut accordée qu'en prime de ses scélératesses. C'est lui qui conduisit à l'assaut du trône légitime les adhérents des Loges, et pour tout dire : c'est lui qui, comblé des bienfaits de son

---

(1) Toulouse, rue de la Pomme, 5, au bureau de la *Légitimité.*

roi, y répondit par le *régicide*. Digne fils de son père, si toutefois, il était d'origine française (1). Louis-Philippe, ex-roi des Français, l'imita dans sa vie d'hypocrite, de conspirateur et de traître envers la famille royale. Que penser du duc d'Orléans, père du comte de Paris, sinon que franc-maçon comme ses ascendants, il dût avoir les mêmes principes et les transmettre à son fils ? Mais, avant d'aborder les gestes de ce dernier, répondons aux titres louangeux qu'on lui décerne si bénévolement.

Il est très honnête homme.

Honnête homme selon le monde, je l'accorde volontiers, car, rien n'est plus élastique que cette espèce d'honnêteté qui consiste à n'avoir aucune affaire avec messieurs les gendarmes. Avec la conscience, c'est autre chose.

C'est un bon chrétien, dévoué à l'Eglise et à la France. Là, entendons-nous ; est-ce au sens des catholiques libéraux ? Mais Pie IX a stigmatisé le catholicisme libéral en l'appelant : *une plaie pire que la Commune*. Sa Sainteté Léon XIII l'a également flétri dans sa dernière lettre encyclique, *humanum Genus*. Or, le libéralisme étant l'ennemi acharné de l'Eglise, ayant pour principe l'indépendance des sociétés civiles envers Elle, il s'ensuit rigoureusement que le catholique libéral est par là même son adversaire. Assurément, il ne procèdera pas brutalement à son égard, comme le libéral radical, par la confiscation violente de ses droits, de ses libertés, par l'expulsion de ses enfants, etc., etc., mais embrassant ce qu'il appelle les idées modernes, les principes de 89, la liberté des cultes, de la presse, toutes erreurs condamnées par le *Syllabus*, il n'en est que plus dangereux sous ce voile hypocrite de conciliation, de la part du feu à faire, parce qu'il trompe de cette façon les âmes simples, crédules, et les entraîne par cette apparence de pacification religieuse dans sa lâche apostasie.

---

(1) Voir la III⁰ lettre.

Or, il est certain, de la dernière évidence, que le libéralisme est l'enfant de la révolution menée par la Franc-maçonnerie ; donc le catholicisme libéral qui est un semi-libéralisme, un libéralisme déguisé, est aussi révolutionnaire ; or, le comte de Paris étant catholique libéral comme le prouve son parti et comme le prouveront mieux encore ses propres gestes, jugez, mon cher Monsieur, s'il mérite vraiment le titre de bon chrétien, de dévoué à l'Eglise et à la France. Craignons, vous dirai-je, craignons le danger que l'une et l'autre auraient à courir de le voir sur le trône, car l'Eglise et la France ont toujours eu leurs destinées unies et solidaires dans la bonne comme dans la mauvaise fortune. Cependant, me répondrez-vous peut-être : Pourquoi ce concert de louanges ?

Avec votre âme si droite, si bonne, puis, si étranger aux intrigues politiques, vous êtes porté à croire aux mensonges et fausses promesses que débitent et font briller les journaux du parti. Laissez-moi vous dire d'abord que tout ce bruit de grosse caisse, qui a commencé à la mort d'Henri V n'est qu'une piperie, sinon un indigne escamotage de la bonne foi du public de la part d'une troupe d'ambitieux qui, semblables à nos républicains, sont tout disposés à crier : Périsse la France plutôt que notre parti ! Cela me rappelle la fable du chat et du vieux rat.

> Ce bloc enfariné ne me dit rien qui vaille,
> S'écria le vieux rat au général des chats ;
> Je soupçonne dessous encor quelque machine.
> Rien ne te sert d'être farine ;
> Car, quand tu serais sac, je n'approcherais pas. (1)

Ce qui achèvera sans doute de fixer votre opinion sur le comte de Paris ce sera l'exposé de sa doctrine et de ses gestes ; écoutez-le :

---

1) Lafontaine, livre IIIe, fable XVIIIe

« Pour mon compte, écrivait-il à M. Roger du Nord (1),
je veux rester fidèle aux principes de conduite qui m'ont
été transmis par le testament de mon père ; je ne me
séparerai jamais du grand parti libéral (c'est-à-dire franc-
maçon) qui en 1830 a appelé mon grand-père au gouvernement constitutionnel de la France. »

Toujours républicain, il écrivait à M. Elsingre, en 1871 :
« En toute occasion j'ai bien nettement établi que je ne
prétendais qu'à une chose : la jouissance de mes droits de
citoyen ; que j'étais prêt à servir mon pays de la manière
que celui-ci voudrait ; mais, que je regardais toujours
comme le seul et vrai gouvernement de la France celui
que mon pays aurait choisi....... quant à moi, je sais déjà
que je suis infiniment plus républicain que mes amis. »
Au reste, ses deux ouvrages sur l'enseignement et sur les
classes ouvrières, respirent comme ses paroles les principes du libéralisme et de la Franc-maçonnerie. Consulté
par la commission d'enquête sur les conditions du travail
en France, il a appelé l'instruction obligatoire un principe
salutaire. « Aucun catéchisme particulier à aucune religion
ne saurait être enseigné dans ces écoles, dit-il à la commission. Elles reçoivent de l'Etat des subventions. Ces subventions ne peuvent jamais être accordées pour l'instruction religieuse. » C'en est assez, n'est-ce pas, pour
démontrer que si le comte de Paris n'a pas la laideur
de la vie publique de ses ancêtres, il en a conservé
les principes révolutionnaires, c'est-à-dire contraires
à l'Eglise et à la France ? Quant à sa conduite envers
Henri V, consultez les *Légendes de Frhosdorf*, (2) elle
vous paraîtra fort peu correcte, pour ne pas dire fort
déloyale.

Savez-vous, mon cher Monsieur, ce qui m'effraie le plus

---

(1) A l'occasion de la fusion.

(2) *Les Légendes de Frhosdorf.* Paris, au bureau du *Droit monarchique,* 17, rue Saint-Marc.

pour l'avenir de notre patrie ? C'est l'oubli général, et surtout dans la classe dirigeante de cette vérité qui, bien méditée et mise en pratique, peut seule nous sauver : savoir que la France baptisée avec son roi Clovis, est devenue le peuple de Dieu, sa nation choisie, avec les mêmes promesses de bénédictions, mais aussi, avec les mêmes menaces de châtiments qu'au peuple d'Israël, selon qu'elle resterait fidèle ou infidèle aux engagements de son baptême. L'histoire française en mains, on ne peut nier la réalisation parfaite des paroles prophétiques de saint Rémi au royal baptisé. En effet, tant que nos rois sont restés les fils respectueux et soumis à l'Eglise, la France a marché en souveraine parmi les nations ; au contraire, ont-ils manqué à leur mission sacrée d'accomplir les gestes de Dieu, voilà qu'aussitôt sont venus pour les châtier, les Philistins modernes, c'est-à-dire les Anglais, Prussiens, Espagnols, etc. Qu'on le veuille ou non, c'est un fait historique, en quelque sorte palpable, depuis Clovis jusqu'à présent. Voilà pourquoi nous sommes en révolution depuis bientôt cent ans, et nous n'en sortirons que lorsque la France secouant le joug ignoble de la Franc-maçonnerie qui la couvre de ruines intellectuelles, morales et matérielles, et se rendant enfin aux avertissements de la Reine Céleste, à la Salette, à Lourdes et à Pontmain, se dépouillera du manteau du sensualisme pour prendre le cilice de la pénitence. Mais vont dire les catholiques à l'eau de rose, les indifférents, les égoïstes : en attendant, nous voulons le comte de Paris pour ACCESSOIRE. Mauvais Français, mauvais chrétiens ! leur dirais-je, vous donnerez alors à la France pour remède le mal dont elle souffre, vous la retiendrez dans le cercle vicieux de la révolution jusqu'au moment suprême où la justice divine la fera passer de nouveau par un bain de sang qui la purifiera, l'éclairera et la ramènera à ses vieilles traditions par la Légitimité. Je résume, mon cher Monsieur, en bonne logique :

1º M. le comte de Paris est catholique libéral, et par là même révolté contre l'Eglise ;

2º S'il n'est pas franc-maçon, il en suit les principes, et par là même, il est révolutionnaire et ennemi de la France ;

3º Comme ses ascendants, il est exclu de l'hérédité monarchique d'après la loi qui frappe de déchéance les descendants des princes du sang, criminels de Lèse-Majesté. (1) ;

4º Après Henri V, le comte de Paris n'a aucun droit à la couronne de France qui reviendrait à la maison d'Anjou si Louis XVII fût mort sans postérité ;

5º Outre ces raisons d'exclusion, le comte de Paris ne serait pas même Français d'après le jugement de la cour ecclésiastique de Faenza, qui fait naître son grand-père du geôlier Chiappini. Voilà pourtant à quoi s'expose la France. Prions, mon cher Monsieur, qu'elle ouvre les yeux à la vérite qui seule la sauvera.

---

(1) Arrêt de la Cour des Pairs de France, en 1457, contre Jean II duc d'Alençon, en présence de Charles VII.

TABLE DES MATIÈRES

1205 — Imprimerie A. VALTENER et Cⁱᵉ, rue Belle-Cordière, 14, Lyon.

180